THOMAS EDISON

Round Lake Area Library
906 Hart Road
Round Lake, IL 60073
(847)546-7060

 Gareth Stevens
PUBLISHING

Please visit our website, www.garethstevens.com. For a free color catalog of all our high-quality books, call toll free 1-800-542-2595 or fax 1-877-542-2596.

Cataloging-in-Publication Data

Names: Stoltman, Joan.
Title: Thomas Edison / Joan Stoltman.
Description: New York : Gareth Stevens Publishing, 2019. | Series: Pequeñas biografías de grandes personajes | Includes glossary and index.
Identifiers: LCCN ISBN 9781538236383 (pbk.) | ISBN 9781538236406 (library bound) | ISBN 9781538236390 (6 pack)
Subjects: LCSH: Edison, Thomas A. (Thomas Alva), 1847-1931–Juvenile literature. | Inventors–United States–Biography–Juvenile literature.
Classification: LCC TK140.E3 S87 2019 | DDC 621.3'092 B–dc23

Published in 2019 by
Gareth Stevens Publishing
111 East 14th Street, Suite 349
New York, NY 10003

Copyright © 2019 Gareth Stevens Publishing

Translator: Ana María García
Editor, Spanish: Natzi Vilchis
Designer: Tanya Dellaccio

Photo credits: series art Yulia Glam/Shutterstock.com; cover, pp. 1, 7 Stock Montage/Archive Photos/Getty Images; pp. 5, 11, 15, 17 (main) Bettmann/Getty Images; p. 9 Viktor Gladkov/Shutterstock.com; pp. 13, 19 Everett Historical/Shutterstock.com; p. 17 (inset) Orlando/Hulton Archive/Getty Images; p 21 Boyer/Roger Viollet/Getty Images.

Printed in the United States of America

CPSIA compliance information: Batch #CW19GS: For further information contact Gareth Stevens, New York, New York at 1-800-542-2595.

CONTENIDO

Las palabras del glosario se muestran en **negrita** la primera vez que aparecen en el texto.

¡Nació Thomas!

Thomas Alva Edison nació en 1847 y fue el menor de siete hermanos. Su padre trabajó en muchos lugares. Su madre era maestra. Cuando era niño, Thomas a menudo estaba enfermo. A los 12 años había perdido la mayor parte de la audición; casi no podía oir.

No fue a la escuela

Thomas no prestaba atención en clase. Después de ir por tres meses a la escuela, su mamá decidió que ella misma le enseñaría. A Thomas le encantaba leer sobre cómo funcionan las cosas y hacer **experimentos**. ¡Incluso instaló su propio **laboratorio**!

7

Trabajo en el ferrocarril

A la edad de 12 años, Thomas comenzó a vender periódicos en el tren. Invertía sus ganancias en su laboratorio. A los 15 años, entró a trabajar en una oficina de **telégrafos**. En los años posteriores, Thomas trabajó activamente en la **mejora** del telégrafo.

ESCRITORIO
DE UN TRABAJADOR
DE TELÉGRAFOS

Su primer gran éxito

La primera **patente** de Thomas fue la de una máquina de conteo de votos, pero nadie la compró. Así, aprendió a inventar solo cosas que la gente quería. A los 22 años, vendió uno de sus inventos por 40,000 dólares, ¡unos 700,000 dólares en dinero actual! Renunció a su trabajo y se dedicó a ser inventor a tiempo completo.

Menlo Park

Hacia 1875, Thomas tuvo problemas de dinero. Con la ayuda de su padre, construyó un laboratorio en Menlo Park, Nueva Jersey. Mientras trabajaba en las mejoras del telégrafo y el teléfono, inventó el **fonógrafo**. No estuvo listo para su venta hasta diez años después, pero se hizo famoso.

FONÓGRAFO

13

Thomas recibió dinero para **investigar** sobre la luz eléctrica. Con la ayuda de sus trabajadores, estudió hasta 6,000 **materiales** diferentes. ¡Entonces inventó una forma de llevar la luz eléctrica a las casas! Thomas logró 389 patentes en el campo de la luz y la potencia eléctricas.

15

West Orange

Thomas necesitaba un laboratorio más grande. En 1887, construyó uno de los laboratorios más grandes del mundo en West Orange, Nueva Jersey. Tenía biblioteca, tienda de maquinaria y varias fábricas. ¡Aquí sus colaboradores podían inventar cosas para luego venderlas!

Su mayor invento

Thomas creó un laboratorio de investigación especial en West Orange que cambió la forma de trabajar la ciencia y la investigación para siempre. Hay quien dice que esta fue su aportación más importante. ¡Aún hoy, muchas empresas utilizan este método de trabajo en equipo para probar y llevar productos al mercado!

El mundo cambió para siempre

Thomas tenía 80 años cuando logró su patente número 1,093. Cuando murió en 1931, dejó miles de cuadernos con sus ideas, hallazgos e incluso errores. Los numerosos inventos de Thomas y su manera de trabajar en ellos ¡cambiaron el mundo para siempre!

"La oportunidad se pierde por la mayoría de la gente porque se viste de forma normal y parece trabajo".
—Thomas Edison

21

GLOSARIO

experimento: prueba científica en la que se llevan a cabo una serie de acciones y se observa lo que sucede con el fin de aprender sobre algo.

fonógrafo: tocadiscos antiguo en el que se podía grabar y reproducir sonido.

investigar: estudiar para encontrar algo nuevo.

laboratorio: lugar con equipo e instrumental para realizar experimentos.

material: elemento utilizado para hacer algo, como un tejido.

mejora: adición o cambio que hace que algo sea mejor.

patente: documento oficial que otorga a una persona los derechos de un diseño, máquina o proceso durante un tiempo.

telégrafo: dispositivo utilizado para enviar o recibir mensajes a larga distancia empleando cables y señales eléctricas.

PARA MÁS INFORMACIÓN

LIBROS

Demuth, Patricia Brennan. *Thomas Edison and His Bright Idea*. New York, NY: Penguin Young Readers, 2016.

Slade, Suzanne. *The Inventor's Secret: What Thomas Edison Told Henry Ford*. Watertown, MA: Charlesbridge, 2015.

SITIOS DE INTERNET

Biografía: Thomas Edison
www.ducksters.com/biography/thomas_edison.php
Lee aquí todo acerca de Thomas Edison.

Thomas Edison y sus grandes inventos
easyscienceforkids.com/all-about-thomas-edison/
Este sitio de Internet está lleno de información sobre Thomas Edison.

ÍNDICE